50 jours d'introspection en chansons

Marie Dufief

50 jours d'introspection en chansons

Recueil

LE LYS BLEU
ÉDITIONS

ISBN : 979-10-422-1311-4

50 jours pour me retrouver, me recentrer, lutter contre les addictions et regarder ma dépression en face. Accepter qui je suis, apprendre à m'aimer. Aller de l'avant. Retrouver mon mari et mes enfants.

À chaque poème libre correspond la musique du moment.

À Steph, mon âme sœur
À Emma qui m'a tant appris
À Roman, mon guerrier tendre
À Eléa, ma belle rebelle
À Maman, à Papa
À Mémé

Jour 1
Inertie

Pauvre folle embarquée dans un doute apeuré
Dans un corps abîmé et à l'agonie
Dont le cœur blessé ne cesse de tambouriner
Dont les yeux n'ont plus la moindre étincelle de vie

Des lambeaux de tristesse font frissonner ma peau
De la colère suinte au bord de mes maux
Une aliénation morbide envahit mon cerveau
Même ma laide carcasse n'a pas droit au repos

Je vis l'écrasante responsabilité
De devoir me supporter, me tolérer
Terrifiante image que me renvoie le miroir
Même l'ombre de moi-même est noire

Étreignez-moi, secouez-moi, bousculez-moi
Que sortent enfin ces maudites larmes
Que mon esprit cesse d'entendre ces sombres voix
Que la mort arrête de me faire du charme

Cette lourde et accablante fatigue
Qu'un flot de substances chimiques irrigue
Marque alors le signe d'une fin prématurée
Où le sommeil sera mon tombeau scarifié

La jeune fille et la mort, Franz Schubert,
quatuor n° 14 en ré mineur,
op. posthume D810 andante con moto

Jour 2
Halo

Nuit tombale, les esprits sont de sortie
Spectres sombres dépourvus d'empathie
Ils sont nombreux, tout autour de mon lit
Membres frénétiques de lutte contre l'oubli

Ils éveillent mes sentiments les plus sombres
M'offrent des cauchemars issus de la pénombre
Leur présence agite mon corps de soubresauts
Et j'ouvre les yeux dans un brusque sursaut

Ils sont toujours là, noires ombres menaçantes
Fragments de traumatismes qui me hantent
Leurs voix égrènent un chapelet d'injures
Matraquant ma tête de termes impurs

Ils répètent en boucle mes pires maux d'enfant
Qui se terraient dans le sous-sol de mon inconscient
J'ai envie d'hurler, de me battre, de cogner
De mettre à terre ces terrifiantes pensées

Une soudaine clarté émerge auprès de moi
Je la sens, je souris, ma grand-mère est là
Je sens sa protection, ma respiration s'apaise
Sa douceur efface peu à peu mon malaise

In the upper room, Mahalia Jackson

Jour 3
Migraine

Alors que l'aube est tout juste naissante
Un bruit de tambour me sort de mon sommeil
Ces lourdes sonorités sont oppressantes
Et leur répétition les rend obsessionnelles

Gravitant pesamment entre rêve et réalité
Une douleur sourde envahit ma tête lourde
Me relevant je perds tout à coup pied
Sentant tout mon être se dissoudre

Je cherche appui, d'où vient ce martèlement ?
Des points noirs envahissent ma vision
Serait-ce ces fichus traitements
Qui engourdissent jusqu'à ma raison ?

Ces cognements viennent de l'intérieur
Ma tête va exploser j'en ai bien peur
Ça cogne, ça boxe, ça tabasse
Mon propre corps me prend en chasse

La lumière est un détonateur
Qui amplifie cette horrible douleur
Je veux être enfermée dans le noir
Que l'on me laisse errer dans mon purgatoire

Boléro, Ravel

Jour 4
Poussière

Je cherche mais il reste introuvable
Ce putain de minuscule grain de sable
Qui enraye mon esprit et mes envies
Qui transforme mes besoins et m'anéantit

Il circule librement à l'intérieur de moi
Anesthésiant mon cœur qui se bat
Dégradant mes espoirs et mes projets
Détournant mes pensées de la réalité

Je me sens attachée, pieds et poings liés
Tiraillée entre me blesser et me ménager
Ce grain de sable me semble être un rocher
Et nul bateau ne peut s'y amarrer

C'est un point noir sur une feuille blanche
Je dois me retrousser les manches
Mettre un point final à ce point d'orgue
Et ce avant de finir à la morgue

Glacier, Roman Dufief

Jour 5
Entre-deux

C'est un espace fermé, un enclos
Où mes pensées débattent à huis clos
J'y suis sécurisée, bien à l'abri
Ma tête et mon corps vivent en harmonie

Je m'y sens sereine et apaisée
D'un calme incroyablement léger
Nul ne peut entrer dans ce jardin secret
Où je cache toute mon intimité

C'est un endroit qui ne se situe pas
À la frontière de l'invisible et du réel
Où mes réflexions mènent leur combat
Entre sagesse et actions rebelles

Je m'y réfugie souvent en catimini
Pour apprendre à soupeser ma vie
Pour me confronter à mes indécisions
Et dompter mes appréhensions

Le retour aux autres est parfois compliqué
Je me sens protégée dans mon isolement
Mais la vie est faite pour être partagée
Je suis prête à affronter mon changement

Oh ! je cours tout seul, William Sheller

Jour 6
Fausse amie

Souffle de vie qui m'aide à avancer
Oxygène indispensable à ma survie
Respiration altérée par ma tabagie
Inspiration saccadée par chaque bouffée

Il paraît que je ne manque pas d'air
Et même parfois que je suis culottée
Qu'à voix haute et forte j'ose parler
Sans clope, je suis nue comme un ver

Cet abject accessoire me donne confiance
Et il me semble que j'ai de la prestance
M'en libérer est un réel sacrifice
C'est pourtant le pire de mes vices

Je commence à te larguer, chère amie
Chaque jour, pas à pas, je te défie
Je te garde encore un peu auprès de moi
Mais sous peu, je n'aurai plus besoin de toi

Cigarette, Jacques Higelin

Jour 7
Regard

Je passe mon temps à observer mes mains
Et mon ventre, mes jambes et mes seins
J'analyse de ma peau chaque recoin
Ne dit-on pas un corps sain dans un esprit sain

Plus je me regarde plus les larmes me viennent
Mon pauvre corps me fait de la peine
Mon ventre rond comme un ballon est une insulte
Et je le cache, et je l'occulte

Je voudrais cacher tous les miroirs
Je ne vais pas m'inventer d'histoires
Lorsque je croise mon reflet par hasard
Je n'y vois que mon regard accusatoire

Des rides apparaissent et des plis sur ma peau
J'ai beau m'ausculter, je ne vois que des défauts
Parfois, mon regard devient vif et avenant
Seuls les jours où je vais de l'avant

Il me faut apprendre à m'occuper de moi
La raison m'impose de faire des choix
Accepter que certains regards me voient belle
Qu'ils voient en moi les trésors que je recèle

T'es beau, Pauline Croze

Jour 8
Sablier

J'ai la désagréable sensation
Que le temps m'échappe
J'ai bien souvent l'impression
Que celui-ci me rattrape

Lorsqu'une heure dure cent ans
Je suis coincée dans une boucle temporelle
Prise au piège de mes sentiments
Prisonnière d'une confusion sempiternelle

Je tombe dans une folie labyrinthique
Où se répètent mes pensées dramatiques
Je m'enferme dans un monde désarmant
Chronos me joue un tour angoissant

Parfois, les minutes défilent aussi rapidement
Qu'une étoile filante déjà disparue
Et je me retrouve dans une prison exiguë
Totalement dépassée par les évènements

Je regarde alors le soleil se lever
M'autorise à créer ma propre temporalité
Je suis la seule capitaine de mes journées
Petit à petit, j'apprends à m'apprivoiser

Time, Ilène Barnes

Jour 9
Crépusculaire

Le jour commence à peine à décliner
Et déjà, la tristesse m'envahit
Le soleil cesse doucement de nous éclairer
J'appréhende l'arrivée de la nuit

Je sens mon corps qui s'endolorit
Il réclame plus de luminosité
De vieux fantômes envahissent mon esprit
Et tout mon être est aux aguets

J'aimerais prolonger la journée
Seulement pour éviter cette parenthèse
Entre chien et loup, les doutes sont exacerbés
Je ne ressens qu'un profond malaise

Il n'est pourtant pas l'heure de dormir
Mais je veux fuir le crépuscule
Je sens l'angoisse m'envahir
À mesure que la lumière recule

Je m'enfonce lentement dans les ténèbres
Il faut sans faute que je trouve le sommeil
Il faut que cesse cette ronde funèbre
Je sais pourtant que ton amour me veille

Sonate au clair de lune, Beethoven

Jour 10
Étreinte

Tout ce temps passé sans vous voir
Toi mon amour, mon tout, mon doux, mon âme sœur
Toi ma chair, mon sang, ma fille, mon cœur
Sans votre présence, je crains de choir

Et vous voilà, tout au bout de l'allée
Encore quelques pas avant de se retrouver
Mon cœur cogne si fort qu'il résonne dehors
Il fait écho à l'impatience de mon corps

Puis les regards, les sourires, et enfin l'étreinte
Mes muscles se relâchent, je n'ai plus de craintes
Main dans la main, nous écrivons le chemin
Des jours meilleurs, de nos lendemains

On se touche, on se frôle, impossible de se lâcher
Nous ne cessons de nous embrasser
Nos yeux ne font que se dévorer
Nos corps sont en train de s'embraser

Quelle douceur que ce temps consacré à l'amour
Confiants et sereins, aimant sans détours
Et je suis à nouveau seule, quelques larmes ce soir
Mais je suis apaisée, et remplie d'espoir

Je t'aime depuis toujours, Francis Cabrel

Jour 11
Nuit

Les yeux clos, je tente de me laisser porter
Ma respiration s'apaise et ralentit
Mon but est de tomber dans les bras de Morphée
De trouver refuge au cœur de la nuit

Mais voilà que mes pensées s'agitent
Que mon corps ne trouve pas le repos
C'est presque un rituel automatique
J'ai peur de tirer le rideau

Je lutte et d'épuisement finis par sombrer
Dans un sommeil aux rêves agités
Mon corps est pris de soubresauts
Et je m'éveille dans un sursaut

Ainsi sont rythmées les heures
Je me réveille et me rendors
La fatigue me harasse et je pleure
La nuit a rouvert la boîte de Pandore

Au petit matin, je sors de ma torpeur
L'air hagard je m'éveille à la vie
Le jour est là et apaise mon humeur
Il remet à jour mon instinct de survie

Blizzard, Fauve

Jour 12
Désir

Au beau milieu de la nuit, tremblante et égarée
Je ressens mon corps totalement éveillé
Mon esprit a beau être embrumé
Ma peau me semble être électrisée

J'ouvre les yeux cherchant à me situer
Le constat est dur, je suis esseulée
Je cherche tes mains, ta bouche, ton membre
Tu n'es pas là, et vide est ma chambre

Pourtant j'aimerais tant te caresser
Laisser tes lèvres me dévorer
Mon désir est violent, tu ne peux y pallier
Je peux seulement te fantasmer

Mes doigts glissent le long de mon corps
Ils parcourent mon île au trésor
J'imagine tes mains caressant mes seins
Et ton sexe attisant le mien

Je commence à frissonner tant je te veux
Je sens que je me noie dans le plaisir
Je pense à toi et à ton immense désir
Je jouis dans un râle silencieux

Shine on your crazy diamond, Pink Floyd

Jour 13
Tristesse

Une larme se perd le long de ma joue
Elle a jailli seule, sans raison apparente
Elle roule dans les replis de mon cou
Reflet de ma tristesse inhérente

Elle est isolée, mes pleurs sont prisonniers
Les laisser couler est un affront à ma dignité
J'ai bien appris à ne pas me dévoiler
On m'a transmis la capacité à me cacher

Pourtant j'aimerais enfin pouvoir pleurer
Et libérer mes émotions blessées
Mon cœur est à fleur de peau
Mon esprit encombré de maux

Qu'il serait doux de se laisser porter
Que tes bras viennent me réconforter
Que tombe ce masque de femme forte
Que de mon âme j'ouvre la porte

La tristesse est un doux poison
Qui m'emporte au seuil de la déraison
La laisser s'exprimer serait un apaisement
Et pourrait calmer tous mes tourments

I've been buckerd, Liz Mc Comb

Jour 14
Impure

À partir d'aujourd'hui, je suis impure
La bible m'isolerait sept jours durant
J'entame une semaine de souillure
Mon corps subit mille tourments

Le regard de l'homme a heureusement changé
Être femme est maintenant toléré
Tous ces tabous commencent à être levés
Pour que nous retrouvions notre dignité

Mais la douleur est là, intense et brûlante
Tout mon corps crie sa souffrance
Allongée, je suis dans la lourde attente
De l'heure de la délivrance

C'est le prix à payer en tant que femme
Pouvoir enfanter mais vivre ce drame
Sentir mes organes qui s'enflamment
Ne pas pouvoir retenir mes larmes

Jour 15
Équilibre

Recroquevillée au creux de ma tristesse
Je réfléchis à ces nombreuses promesses
Que je t'ai faites en pleine détresse
Que j'ai bafouées sans nulle tendresse

Je suis à l'aube d'une nouvelle moi
Qui osera tendre la main vers toi
Pour avancer d'un seul et même pas
Vers la confiance et l'estime de soi

Je me tapirai au creux de tes reins
Pour retrouver ce plaisir commun
Enfouie tendrement dans ton cou
Je te susurrerai mes espoirs les plus fous

Adieu les combats, les batailles à mains nues
Où je me noyais dans l'infini de mes abus
À présent, je connaîtrai le nom des rues
Qui jalonneront notre chemin vers le salut

C'est l'équilibre qui marquera mes avancées
Je marcherai toujours à tes côtés
Nous retrouverons la paix et la sérénité
Dans un amour que rien ne pourra troubler

Age old blue, Alela Diane

Jour 16
Valise

Faire ses valises pour partir en vacances
Regarder la météo avant de sortir
Compter ses culottes avec le sourire
Jubiler de l'impatience de l'enfance

Mettre un coup de propre dans la maison
Charger dans le coffre la cargaison
Nourrir les chats, fermer les volets
Avoir les yeux qui pétillent en fermant à clé

Mais faire ses bagages pour partir en soin
Et partir en cure sans son conjoint
Dire au revoir aux enfants, aussi aux chats
Avoir le cœur lourd, ralentir le pas

Ranger ses affaires dans un placard inconnu
Mesurer la surface de la chambre nue
S'asseoir sur le lit avec les larmes qui montent
Surmonter le sentiment de honte

Jour après jour prendre soin de soi
Se sentir mieux, se tenir plus droit
Savoir qu'en rentrant chez nous
Le bonheur sera au rendez-vous

Aux confins, Feu Chatterton

Jour 17
Sincérité

Me voilà coupée du monde extérieur
Pas d'infos qui annoncent des malheurs
Ici, on ne doit que s'occuper de soi
Et suivre un protocole sans joie

Toi tu es dans mes pensées mon amour
Tu me donnes des nouvelles tous les jours
Mais le constat est là, ceux que je croyais amis
Ne me donnent plus signe de vie

Ils sont très rares ceux qui s'enquièrent
De mes journées au rythme sédentaire
De mon moral, de ma santé, de mes avancées
De mes envies, de mes soucis, de mes projets

Ceux sur qui je croyais pouvoir compter
Me semblent être aux abonnés absents
Il faut l'avouer je suis déçue par l'amitié
Je me sens remplie de naïveté

Il s'agit peut-être d'un tri à faire
Ne garder que les personnes sincères
Me protéger des gens toxiques
Ne plus vivre dans un monde dystopique

Oublie-moi, Têtes raides

Jour 18
Trauma

Se remémorer les joies de l'enfance
Les petits plaisirs remplis d'insouciance
Une histoire, une comptine, un câlin
Un anniversaire avec tous les copains

Voir un voile sombre s'abattre sur son passé
Le ternir et ne plus voir que les ratés
La peur, la violence, les abus, l'isolement
Le choc, le silence, les regards fuyants

Être une victime et se lamenter
Croire qu'on est la seule à supporter ça
Se renfermer sur soi sans oser en parler
Se remplir d'excès pour effacer l'effroi

Vient une rencontre, une parole, un regard
Une main tendue qui émerge du noir
Prendre conscience que l'on est nombreuses
À s'interdire d'être heureuses

Je m'attelle à détricoter mes souvenirs
Pour reléguer au placard ce qui fut le pire
Je regarde à présent mes traumas en face
Les émotions négatives, je les prends en chasse

Playground love, Virgin Suicides

Jour 19
Tension

Une ambiance pesante se dégage aujourd'hui
Les esprits sont à vif et les gestes nerveux
C'est le jour du docteur que personne n'apprécie
Stress et angoisse sont visibles dans tous les yeux

Des ondes négatives parcourent les lieux
Je m'isole pour échapper à ce mal-être contagieux
J'ai décidé de prendre soin de moi-même
Bien qu'à l'écoute, je laisse aux autres leurs problèmes

Mais la lourdeur reste malgré tout présente
Les corps subissent une tension éreintante
Je m'échappe dans mon univers musical
Je m'éloigne au maximum de ce dédale

Je prends la plume et pense à mes amours
J'imagine en souriant mon prochain retour
J'écoute du piano et ce son m'apaise
Petit à petit s'efface mon malaise

Prête à affronter cette micro-société
Où tournent en rond des âmes esseulées
Je suis parée, dans un état d'esprit porteur
Je me sens heureuse, car je n'ai plus peur

Névrosisme, Roman Dufief

Jour 20
Belle

C'est l'heure des premières lueurs de l'aurore
Une clarté blanchâtre précède le jour naissant
Me réveillant je pense à toi, mon enfant
Et mon cœur explose d'amour, mon trésor

J'ouvre ma fenêtre et deux oiseaux sont là
Ils entrent et m'offrent un somptueux gala
Ils sont comme toi, épris de liberté
Insouciants, ils volent vers leur destinée

Ma fille, ma chérie, je suis gonflée de fierté
Quand je songe à tout ce que tu vas accomplir
Ton petit caractère et ton tempérament bien trempé
T'assurent un lumineux et solide avenir

Bien sûr, tu vivras des confrontations
Des accidents de vie, des déceptions
Tu devras choisir entre plusieurs chemins
Parfois, le doute t'envahira de son venin

Si tu as besoin d'une main, d'une écoute, d'un soutien
Si la peur te pèse et que la solitude t'étreint
Tu peux t'appuyer sur moi en toute confiance
Je serai présente en toutes circonstances

Ton héritage, Benjamin Biolay

Jour 21
Perversion

Son regard glisse tout le long de mon corps
Il a les yeux légèrement plissés
Un désir malsain suinte de tous ses pores
Je sens qu'il a envie de me toucher

Je connais très bien cette espèce là
Ces hommes qui ont le cerveau bien bas
Ils se croient plus forts et veulent dominer
Leurs valeurs n'incluent pas le respect

Ceux-là, s'ils avaient l'occasion
D'être seul avec l'objet de leur tentation
N'hésiteraient pas à dépasser les limites
Pour obtenir ce qu'ils pensent qu'ils méritent

C'est à moi d'être ferme et d'avoir un regard direct
Leur montrer que je ne suis pas une minette
Ce n'est pas leur regard mielleux qui va m'avoir
Ni leur semblant de discours rasoir

Messieurs allez donc vous faire soigner
Ou même couper les parties pour vous arrêter
Éloignez-vous de moi, je vous méprise
Je souhaite que mon courroux vous détruise

Fuck U, Archive

Jour 22
Amour propre

J’ai perdu l’habitude de me mettre en colère
Même lorsque l’on me met sur les nerfs
Même fatiguée, irritable ou sous pression
J’ai décidé de dompter ma tension

J’observe attentivement tous ces énervés
Les colériques, les râleurs, les mal baisés
Et si parfois ils cherchent à m’entraîner
Je me contente d’un sourire à peine dissimulé

S’il m’arrive que ça bouillonne en moi
J’écoute alors dans ma tête cette petite voix
Qui me dit, détends-toi et respire
Garde la paix en point de mire

Je mets à présent ma colère en mots
Je mets mon esprit en mode pianissimo
Et s’il me prend l’envie de crier
C’est en chantant que je vais me libérer

J'ai choisi d'être tendre avec moi-même
Je mets en place des stratagèmes
Pour apprendre à m'aimer, à me respecter
J'opte pour la douceur et la sincérité

Respect, Aretha Franklin

Jour 23
Blues

Un après-midi passé à vos côtés
Avec toi ma fille, et toi mon bien-aimé
À discuter, à s'amuser, à nous câliner
À se frôler, à se toucher, à s'embrasser

Le soir arrive et il vous faut partir
Me laisser seule dans l'absence de vos rires
J'ai encore sur les lèvres le goût de tes baisers
Sur ma peau l'odeur de ton corps boisé

Un sentiment de vide s'instille dans mon esprit
Je me sens soudain lourde et sans énergie
Je frissonne du manque de tes mains
Qui parcouraient en douce la rondeur de mes seins

Cette nuit sera remplie d'érotisme
Mes rêves auront la saveur de l'hédonisme
J'imagine ton corps pénétrant le mien
Le plaisir se répandre entre mes reins

En attendant que le sommeil m'entraîne
Je mets en place toute une mise en scène
Pour contrer ce blues qui s'empare de moi
Je m'évade en pensant être dans tes bras

Le blues, Florent Pagny

Jour 24
Estime

J'ai peut-être quelques fragilités au cerveau
Des failles dans le circuit de la récompense
Des traumatismes qui ont perturbé mon ego
Des violences qui ont accru mes dépendances

Mais je vogue dans ma vie en pleine conscience
Au quotidien, j'apprends à gérer mes souffrances
Je tranche d'un coup d'épée les mauvaises pensées
Et affronte avec courage mes difficultés

Je suis femme et j'ai le libre arbitre
Dans ma tête, j'ai voix au chapitre
J'ai le droit de prendre toutes les décisions
Qui œuvreront à mon évolution

Si la peur anesthésie mon esprit
Si un caillou vient perturber ma marche
Je prendrai le temps d'analyser mes soucis
Et réparerai les trous de mon arche

J'ai décidé de vivre dans la sérénité
D'accepter que même si je suis cabossée
Je mérite d'être tendre et bienveillante
De m'aimer même dans la tourmente

Groumlat, Impérial Orphéon

Jour 25
Nous

Je me repose à l'ombre d'un catalpa
Je songe à tous ces moments passés sans toi
Ces moments pour me reconstruire
Pour prendre en main mon avenir

Toi mon amour, mon âme sœur, ma moitié
Toi qui étais là quand j'étais désespérée
Qui m'as tendu la main quand j'étais égarée
Qui m'a supportée quand je me rebellais

J'ai parfois pensé que nous allions échouer
Et abandonner ce que nous avions construit
Mais les difficultés nous ont renforcés
Et nos sentiments nous ont réunis

Je rêve de lendemains à tes côtés
De projets et d'envies à réaliser
Je rêve de ton corps que je vais embrasser
Je rêve de tes reins qui vont me posséder

Nous avons traversé tant d'épreuves
Aujourd'hui encore ces souvenirs nous émeuvent
Nous avons gagné le droit à la paix
Et nous allons chaque seconde en profiter

Streets of Philadelphia, Molly Johnson

Jour 26
Procès

Pourquoi les gens ont-ils autant d'a priori :
Celui-là n'a pas la lumière à tous les étages
Celle-là je l'ai quand je veux dans mon lit
Celui-là ne cause que des dommages

Tous ces regards qui sont dans le jugement
Ces voix qui médisent quand on a le dos tourné
Et ceux qui se croient plus intéressants
Qui critiquent sans nul autre procès

À croire que l'on n'a pas droit à l'erreur
Que chaque faux pas est montré du doigt
Ce sont des personnes remplies d'aigreur
Qui bavassent sur ceux qui marchent droit

Pourtant nous menons tous les mêmes combats
Nous sommes tous forgés du même bois
Croire en l'être humain vient du cœur
Et devrait faire partie de nos valeurs

Si ton seuil de tolérance est trop bas
Apprends d'abord à te regarder en face
Accepte sans jugement ce que tu vois
Et aime les autres sans ta carapace

Human, Rag'n'Bone Man

Jour 27
Roman

Mon petit homme, mon cœur, mon gamin
Mon fils courageux, mon grand musicien
Voilà maintenant que tu deviens un homme
Je te vois déjà indépendant et autonome

Tu es à peine adulte et tu as déjà subi la vie
J'étais à tes côtés lors de ta maladie
Tu as fait preuve d'une force admirable
Malgré des douleurs inimaginables

Tu t'es nourri d'amour et de musique
Et si parfois tu cédais à la panique
Ta bravoure reprenait le dessus
Tu t'accrochais aux sourires entraperçus

La fierté m'inonde lorsque je pense à toi
Tu pourras toujours te réfugier dans mes bras
Si tu as besoin d'une maman qui te soutient
Je serai là à chacun de tes chagrins

Tes valeurs et ta maturité font de toi un homme bien
Tu mérites de vivre un lumineux quotidien
Tu mérites de l'amour, du respect, de la tendresse
Je te souhaite une vie douce comme une caresse

Quand c'est, Stromae

Jour 28
Résilience

C'en est terminé des états seconds
Des ivresses et de la perte de contrôle
J'ai enfin chassé mes vieux démons
Fini la mascarade et les jeux de rôle

À présent, je vais maîtriser mes pulsions
Mes envies néfastes et ma rébellion
Les seuls abus que je m'octroie
Seront le fait de me fondre entre tes bras

C'est une décision indispensable à prendre
Pour mon bien-être physique et mental
Maintenant que j'ai appris à me détendre
Je garde bien le cap et le moral

Je régulerai mes consommations
Mais aussi mes tendances à la déraison
La boisson ne sera plus ma prison
Je serai en position de domination

Boire un verre dans un moment de partage
Et non pas dans un accès de rage
Je chemine sur la voie de la résilience
En apprenant à vivre dans la confiance

Ganapati, Susheela Raman

Jour 29
Impatience

Je rentre à la maison tout à l'heure
Ma vie va reprendre des couleurs
Le temps d'un week-end bien mérité
Je vais retrouver mes amours adorés

Je gigote en tous sens regardant les montres
J'ai envie de courir à votre rencontre
Je voudrais conduire une Formule 1
Où me téléporter d'un claquement de mains

Tout mon corps frémit d'impatience
J'ai l'impression de partir en vacances
Pourtant ces deux jours vont passer si vite
Je ne vous fais qu'une simple visite

Je suis prête s'il y a des difficultés
Je suis parée pour les affronter
Je suis si heureuse de retrouver les miens
C'est avec le sourire que je viens

C'est une parenthèse bienvenue
Car certains jours s'avèrent ardus
Près de vous, je vais recharger mes piles
Pour revenir encore plus tranquille

Dream a little dream, Fitzgerald, Armstrong

Jour 30
Source

J'ai passé le week-end à la maison
Les enfants étaient là, ainsi que mon Apollon
J'ai essayé au maximum d'en profiter
Même si le temps m'était compté

Retrouver mes repères du quotidien
Réintégrer la maison et le jardin
J'avais peur de ne pas m'y sentir bien
De devoir faire face à des démons anciens

Finalement, j'ai ressenti de l'apaisement
De la sérénité et du détachement
Face aux soucis qui peuvent empoisonner
Je peux maintenant les surmonter

Fusionner au lit avec mon chéri
Était comme un nouveau souffle de vie
Mon corps ne m'a pas semblé étranger
Et j'ai aimé me sentir désirée

Le retour a été lourd et pesant
Mais tout l'amour reçu fut ressourçant
Et même si les larmes n'étaient pas loin
Je reviens ici avec le cœur plein

Mountain Falls, Reinhardt Buhr

Jour 31
Détente

Le temps s'égrène dans mon sablier mental
J'observe toutes ces personnes qui vont si mal
Mes pensées s'égarent en observant le ciel
Et je m'éloigne de ce monde artificiel

J'ai les deux pieds ancrés dans l'herbe
Je passe par-dessus les propos acerbes
J'ai dans le cœur les outils nécessaires
Pour rester sereine face à la colère

Un parfum de pluie à venir m'effleure
C'est une odeur qui a mille couleurs
Le calme et la douceur m'envahissent
Mes membres un à un s'engourdissent

Une aura de paix intérieure m'enveloppe
Toutes mes sensations se développent
Je respire alors en pleine conscience
Vivre en harmonie est une évidence

Sur les sentiers de mon retour à la liberté
J'ai parfois cheminé les pieds entravés
Mais j'ai retrouvé les clés de ma cage dorée
Et je vais de nouveau pouvoir voler

I'm Alive, Emily Loizeau

Jour 32
Hommage

À écrire sans répit tous les jours
Mon esprit commence à me jouer des tours
Je soliloque en rimes et en vers
Je lance des alexandrins en l'air

Je fais des monologues à la Rimbaud
J'ai envie de relire tout Hugo
Et si Eluard me fait des clins d'œil
Baudelaire, lui, reste sur le seuil

Verlaine l'amant maudit hante mes nuits
Apollinaire et ses onze mille verges me fuient
Et alors que Musset me fait des caprices
Ronsard, lui, m'initie aux délices

Je fais appel à Queneau comme porte-parole
Et Perec me sort des sentiers de l'école
Et si j'écrivais cent mille milliards de poèmes
Grâce à Eux, je vivrai post-mortem

Page d'écriture, Yves Montand

Jour 33
Défi

Ce soir face à ma feuille blanche
Tous les mots se retranchent
Je ne sais pas sur quoi écrire
Je sens mon inspiration flétrir

Je me suis pourtant lancé le défi
D'écrire chaque jour une poésie
Dois-je pour autant me l'imposer
Si je suis en manque d'idées

Je pense à la maison et à mon homme
Ma force morale n'est pas optimum
Je suis en manque des bruits du quotidien
De mes habitudes, de ces petits riens

L'écriture aujourd'hui ne m'apaise pas
Puisque je ne pense qu'à tes bras
J'aimerais que ma plume soit d'or
Qu'elle dessine les courbes de ton corps

Allons, cela suffit, je vais au lit
Me réfugier au plus profond de la nuit
Pour rêver de nos retrouvailles
Et apaiser le manque qui me tiraille

Nocturne Op 9 n° 2, Chopin

Jour 34
Toxique

La cigarette occupe toutes mes pensées
Pourtant mon corps n'a pas envie de fumer
J'ai l'impression que si je devais arrêter
Je perdrai une part de ma personnalité

À chaque nouvelle étape de ma vie
Cette âcre fumée m'a accompagnée
Dès le matin au saut du lit
Et à chaque difficulté de la journée

Mais si je décidais de m'en libérer
Perdrai-je alors mon intégrité
Ou bien est-ce que ce vide laissé
Serait comblé par une grande fierté

Je n'ai pas la réponse à mes questions
Arrêter me semble être comme une punition
Je m'encourage donc à franchir ce pas
Pour m'autoriser une vie sans tabac

Je fume, Raphaëlle Lanadère

Jour 35
Jalousie

Que veulent donc tous ces jaloux
Qui m'observent, qui de moi se jouent
Qui jasent entre eux derrière mon dos
Qui critiquent sans faire de cadeaux

Pourtant moi je n'y suis pour rien
Si certains apprécient mon entrain
Mes sourires, mon écoute, ma cordialité
Et qui mettent en avant mes qualités

Je fais, moi aussi, des erreurs
Parfois, il arrive même que je pleure
Je ne me cache pas derrière un masque
Et je ne suis pas quelqu'un de fantasque

J'aime simplement l'être humain
J'ai pour valeur le respect des miens
Je suis sans filtre et authentique
Je dirai même que je suis romantique

Regardez-moi donc pour de vrai
Vous verrez que je n'ai rien à vous envier
Je suis femme, et emplie de sincérité
L'amour est mon langage attitré

M. Vertèbre, Daniel Bélanger

Jour 36
Retour

Revenir dans cette maison que je n'aime plus
Parcourir encore et toujours ces mêmes rues
Croiser à nouveau ces regards vides
Me faire des cheveux blancs, des nouvelles rides

J'accroche à mon cerveau le mot envie
Pour faire de cette maison un lieu de vie
Un cocon chaleureux pour nos ébats amoureux
Un endroit où il fait bon être heureux

Je projette d'y mettre des couleurs
Des doux coussins et des senteurs
J'y mettrai un joli tapis à l'entrée
Pour accueillir les belles amitiés

Nous mettrons de la joie sur les murs
Pour garder la douceur en lieu sûr
Et de nos rires naîtront des constellations
Qui illumineront notre plafond

Cela prendra le temps qu'il faudra
Pour que l'on s'y sente chez soi
À chaque petit changement réalisé
Nous ferons l'amour pour le fêter

What's going on, Marvin Gaye

Jour 37
Évolution

J'étais craintive et effrayée
À l'idée qu'il puisse m'approcher
Pour encore abuser de mon corps
Me voler mon enfance sans mon accord

J'étais rebelle et obstinée
Adolescente éprouvée par le passé
Je me jouais de la vie et de la mort
Me faisais du mal sans remords

J'étais amoureuse et j'étais aimée
Pleine de promesses et toujours enjouée
Je frissonnais quand tu me touchais
J'étais si fière d'être à tes côtés

J'étais maman, épanouie et heureuse
Chacun de vos pas me rendait radieuse
J'étais toute dévouée à votre protection
Totalement comblée par vos évolutions

Je suis femme, épouse et mère
Et lorsque je regarde en arrière
Je n'ai plus peur d'aller de l'avant
Et je nous vois un avenir exaltant

Bitter Sweet Symphony, The Verve

Jour 38
Ouïe

J'écoute le vent qui bruisse dans les branches
Les oiseaux à ma fenêtre qui s'épanchent
Le craquement des feuilles sous mes pas
Le ruissellement de la rivière en contrebas

Ces sons m'enchantent et m'apaisent
Mais c'est alors que je ressens un malaise
Une porte qui claque, un camion qui passe
Un avion qui vrombit, un homme qui jacasse

Je me raccroche aux bruits que j'aime
Un piano qui joue un requiem
Un violoncelle qui entonne un menuet
Une voix aux couleurs de l'été

Mes oreilles sont fatiguées des brouhahas
De tous ces gens qui ne s'écoutent pas
Ceux qui crient pour se faire entendre
Qui n'arrivent pas à se faire comprendre

Puis ta voix me susurre des mots doux
En moi s'installe un tendre remous
Ton souffle calme les battements de mon cœur
Je n'entends plus que la mélodie du bonheur

Fool's Ouverture, Supertramp

Jour 39
Chaise musicale

Tôt ce matin dans mon jardin d'hiver
Buvant mon café je songe à ces nuits d'été
Où me laissant entrer dans la lumière
Tu me disais je t'aimais, je t'aime et je t'aimerai

Et tandis que je déjeunais en paix
Je cherchais à avoir la bonne attitude
Pour être enfin une femme libérée
En évitant de faire comme d'habitude

Mon doux mon tendre mon merveilleux amour
Quand j'aime une fois j'aime pour toujours
Je t'aime à m'en casser la voix
Je t'aime tant parce que c'est toi

Tu m'as dit les mots bleus, qu'on dit avec les yeux
Je veux faire de toi un homme heureux
Si tu demandes, c'est quand le bonheur
Dis-toi que je suis l'as de trèfle qui pique ton cœur

So, mon amour, dream a little dream of me
I've been bucked mais maintenant c'est fini
What a wonderful world pour nous deux
I love you 'till the end mon amoureux

Rockollection, Laurent Voulzy

Jour 40
Voyage

Il me faut d'abord trouver un travail
Et continuer à mener ma bataille
Contre les addictions exagérées
Contre les abus non maîtrisés

Petit à petit, œuvrer pour se renflouer
Pour finir par pouvoir mettre de côté
Et coucher sur le papier notre projet
Tout en sachant qu'on va le réaliser

Que penses-tu de la Suède ? Ou bien l'Islande
Ou préfères-tu retourner en Irlande
Je veux dans tes bras voir des aurores boréales
En amoureux, dormir à la belle étoile

Marcher main dans la main le long des côtes
Se faire surprendre par la marée haute
Rire de notre insouciance retrouvée
S'embrasser comme des ados passionnés

Nous ne prévoirons rien
Se laissant porter par le vent des vacances
Heureux et sereins, profitant de chaque heure
Retrouvant enfin le goût du bonheur

Holidays, Michel Polnareff

Jour 41
Histoire

Il émane de mon âme une douce légèreté
Une sensation de complétude apaisée
Je n'ai plus de difficulté à respirer
Mon corps vibre en accord avec mes pensées

J'aime à imaginer que je suis en paix
Que mes vieux démons se sont évaporés
Qu'ils sont enfermés dans un tiroir
Et que ces diables ont peur du noir

J'écris sur papier les maux dits
Tous ceux qui enrayaient ma vie
Puis je les enflamme un à un
Et leurs cendres volent au lointain

Enfin libérée de ces maux passants
Toutes mes larmes coulent en torrent
Je suis séparée de mes traumatismes
Qui m'enfermaient dans un mutisme

Le soleil se reflète dans mon regard
Et l'on n'y voit que de l'espoir
J'ai affronté ma sombre histoire
Je n'appréhende plus ma mémoire

Fides Tua, Tigran Hamasyan

Jour 42
Défiance

Je sais que tu as peur que ça recommence
Que je me remette à boire à outrance
Que je n'arrive pas à gérer le quotidien
Que je refuse à nouveau ton soutien

Tu sais que je ne crois pas aux miracles
Et mes fragilités sont toujours là
Mais j'ai décidé de combattre les obstacles
J'ai compris que j'avais le droit d'être moi

Je sais bien qu'on parle de maladie
Mais n'utilisant pas tout mon potentiel
J'ai choisi de contrer cette anomalie
Je crois en mon pouvoir décisionnel

Bien sûr, ce ne sera pas toujours aisé
Et ma dépression est encore bien installée
Il y aura des jours où il me faudra me battre
Mais je connais bien le mal à abattre

Il est dur pour toi de me faire à nouveau confiance
Je te comprends et j'accepte ma pénitence
Mais ensemble, nous pouvons aller très loin
Et affronter les embûches sur le chemin

I'm in the mood for love, Eroll Garner

Jour 43
Cycle

Une seconde, j'entends mon cœur qui bat
Il bat le rythme de mon émoi
À chaque battement, j'entends ta voix
Qui me murmure des mots tout bas

Une minute et je respire sereinement
J'inspire et j'expire lentement
Mon souffle se calque sur ta détermination
À me posséder pleinement avec passion

Une heure et nous sommes essoufflés
Notre cœur bat un rythme effréné
Notre peau transpire de plaisir
Sur nos visages est figé un sourire

Une journée pour nous retrouver
Nous parler, nous toucher, nous enserrer
Un mois pour nous réhabituer
Pour tuer les peurs bien ancrées

Une vie tout entière pour s'aimer
Pour vivre de folles nuits enflammées
Pour construire sur les vestiges du passé
Pour transformer notre vie en conte de fées

Women who cheat on the world, Tanita Tikaram

Jour 44
Tournis

Je suis terrassée par la chaleur
Ma tête me pèse, j'ai le tournis
Mon cœur bat à mille à l'heure
Ma respiration est comme alourdie

À la recherche de la fraîcheur
Je divague, j'ai des sueurs
J'ai des visions, des sensations irréelles
Des désirs charnels et sensuels

Sur ma peau, tu poses un glaçon
Que tu fais rouler avec dévotion
Tes lèvres fraîches sont provocatrices
Et ta langue devient mon oasis

J'erre tremblante dans ce mirage
À mon corps tu rends hommage
Je nous imagine nus dans un lac
Bercés par un tendre et lent ressac

Je ne veux pas quitter cette illusion
Où nos êtres frémissent de passion
Repus d'un orgasme pris à l'unisson
La petite mort envahit ma raison

The frozen world, Emilie Simon

Jour 45
Sagesse

Je découvre à présent que la vie est riche
Maintenant que j'ai désherbé toutes mes friches
Du passé ne reste que de vieilles photos
Que j'accepte et observe sans trémolos

Ainsi c'est cela sortir d'un traumatisme
C'est voir la vie sous un nouveau prisme
Réaliser que tout ce que l'on a traversé
Nous a forgé une belle personnalité

C'est mieux de voir la vie en couleurs
D'être au clair avec ses douleurs
Cela renforce la tolérance, l'empathie
La compassion et l'amour d'autrui

La résilience est le chemin de la sagesse
À chaque embûche, l'on progresse
On découvre que l'on peut s'aimer enfin
Sans honte, sans culpabilité ni mauvais dessein

Je vois le quotidien sous un nouveau jour
Décide de croquer le bonheur sans détour
J'ai vécu, j'ai appris, j'ai compris
J'ai envie, je souris, je revis

J'veux du soleil, Au p'tit bonheur

Jour 46
Arc-en-ciel

Mes yeux ont la couleur du ciel
Il s'y reflète mille soleils
Qui brillent d'un éclat amoureux
Me donnant un regard joyeux

Voyant ton iris vert irlandais
Qui m'entraîne dans de lointaines contrées
De rouge mes jouent se teintent
En laissant du désir l'empreinte

Ton aura de couleur or et violette
Nous protège des ondes malhonnêtes
Créant autour de nous un halo
Qui nous éclaire d'un reflet indigo

Ce soir la lune ronde comme une orange
Bienveillante nous veille tel un archange
Elle éloigne de nous tous les démons
Qui hantaient nos rêves de terribles visions

Le jaune est la couleur de la gaieté
Il complète mon arc en ciel enchanté
J'ai trouvé le trésor à ses pieds
Et je m'en vais te le partager

Somewhere over the rainbow, Éva Cassidy

Jour 47
Ciel

Un jeune homme est décédé ce matin
Il avait 26 ans et n'avait plus d'entrain
Il s'endormait souvent, parfois même debout
Mais il souriait encore, malgré tout

Il était abîmé par la vie, et par l'héroïne
Cette drogue tranchante telle une guillotine
Mauvais numéro à la loterie de la vie
Mais il était là, combattant contre la nuit

Sa petite amie est venue avant-hier
Ils s'embrassaient comme des adolescents
Des baisers funèbres aux allures solaires
Une dernière douceur dans ce monde déplaisant

Il s'est endormi et n'a pu être réveillé
Je lui souhaite d'être parti apaisé
Je ne crois pas en Dieu mais s'il est là
J'espère qu'il lui ouvrira grand les bras

Le ciel est bien nuageux aujourd'hui
Il y aura sûrement un peu de pluie
Symbole des larmes de ses amis
Gouttelettes d'amour pour Anthony

Le paradis blanc, Michel Berger

Jour 48
Temporalité

Les cernes dévorent mon visage
Des rides me viennent d'un autre âge
Je paye le prix d'une vie dissolue
Rythmée par des journées d'abus

Pas de maquillage sur ma peau
Quelques crèmes à l'effet placebo
Des nuits au sommeil reposant
Du temps consacré au recueillement

J'ai des ridules au coin des yeux
Traces des sourires heureux
Au bord de mes lèvres s'épanouissent
Les marques des moments jouissifs

Finalement, le temps n'a pas de prise
Sur toutes les joies acquises
La jeunesse est un état d'esprit
Qui chasse la vieillesse ennemie

Prendre des ans n'est pas négligeable
On apprend à devenir plus raisonnable
On comprend les rouages de l'existence
Vivre et aimer devient une évidence

Prohibition, Brigitte Fontaine

Jour 49
Page

C'est aujourd'hui que je quitte ce lieu
Ce lieu de soin contre les addictions
Ce lieu où l'on apprend à aller mieux
Et à lutter pour sa libération

J'ai rencontré des personnes remplies d'espoir
D'autres qui ne broient que du noir
Ici, la tolérance est mise à rude épreuve
Et c'est de compassion que je m'abreuve

J'ai chaque jour pratiqué l'introspection
Et la poésie fut ma libération
Je rentre la tête remplie de décisions
Je suis prête à rentrer à la maison

Dès ce soir, je vais retrouver mon mari
Je ne vais pas réfréner mon envie
De l'embrasser, de l'entraîner au lit
Pour jouir de concert avec lui

C'est une nouvelle page qui s'écrit
Dans l'énorme livre de mes vies
Dans le nouveau chapitre qui commence
Il n'y aura plus de discordances

This is the end, The Doors

Jour 50
Départ

C'est pour moi la fin de mon parcours de soins
Où j'ai affronté de nombreux démons anciens
Avec d'intenses moments de doute à gérer
Et des très longues nuits à cogiter

Puis de journées rythmées et encadrées
Des fichus horaires fixes à respecter
Une belle équipe soignante bienveillante
Tout un personnel aux paroles bienfaisantes

Et puis vous, mes collègues de combat
Qui êtes là pour ne plus baisser les bras
Courageux guerriers face à la maladie
Bien plus forts que ce sournois ennemi

Alors, reléguez vos cauchemars au placard
Autorisez-vous à sortir du purgatoire
D'être ici vous êtes déjà victorieux
Et vous méritez tous d'être heureux

Allez bon vent, bonne route, et souriez
Vous avez vraiment le droit de vous aimer
Vous avez le droit de réapprendre à vivre
Je vous souhaite que seul le bonheur vous enivre

Time is running out, Muse

Table des matières

Jour 1 : Inertie 11
Jour 2 : Halo 13
Jour 3 : Migraine 15
Jour 4 : Poussière 17
Jour 5 : Entre-deux 19
Jour 6 : Fausse amie 21
Jour 7 : Regard 23
Jour 8 : Sablier 25
Jour 9 : Crépusculaire 27
Jour 10 : Étreinte 29
Jour 11 : Nuit 31
Jour 12 : Désir 33
Jour 13 : Tristesse 35
Jour 14 : Impure 37
Jour 15 : Équilibre 39
Jour 16 : Valise 41
Jour 17 : Sincérité 43
Jour 18 : Trauma 45
Jour 19 : Tension 47
Jour 20 : Belle 49
Jour 21 : Perversion 51
Jour 22 : Amour propre 53

Jour 23 : Blues 55
Jour 24 : Estime 57
Jour 25 : Nous 59
Jour 26 : Procès 61
Jour 27 : Roman 63
Jour 28 : Résilience 65
Jour 29 : Impatience 67
Jour 30 : Source 69
Jour 31 : Détente 71
Jour 32 : Hommage 73
Jour 33 : Defi 75
Jour 34 : Toxique 77
Jour 35 : Jalousie 79
Jour 36 : Retour 81
Jour 37 : Évolution 83
Jour 38 : Ouïe 85
Jour 39 : Chaise musicale 87
Jour 40 : Voyage 89
Jour 41 : Histoire 91
Jour 42 : Défiance 93
Jour 43 : Cycle 95
Jour 44 : Tournis 97
Jour 45 : Sagesse 99
Jour 46 : Arc en ciel 101
Jour 47 : Ciel 103
Jour 48 : Temporalité 105
Jour 49 : Page 107
Jour 50 : Départ 109

Remerciements

Un immense merci à Patty pour la couverture.
Merci à Christophe pour la photo.
Merci à tous ceux qui m'accompagnent au quotidien.

Imprimé en Allemagne
Achevé d'imprimer en novembre 2023
Dépôt légal : novembre 2023

Pour

Le Lys Bleu Éditions
40, rue du Louvre
75001 Paris

www.ingramcontent.com/pod-product-compliance
Lightning Source LLC
Chambersburg PA
CBHW062344010826
49168CB00024B/257

* 9 7 9 1 0 4 2 2 1 3 1 1 4 *